J'ai décidé de devenir

UNIQUE ET FABULEUSE !

Groupe Eyrolles
61, bd Saint-Germain
75240 Paris Cedex 05
www.editions-eyrolles.com

Textes et illustrations de Mademoiselle Smoothie
Création de maquette et mise en pages : Cipanga

ISBN : 978-2-212-55913-2
N°d'éditeur : 4962
Dépôt légal : septembre 2014
Imprimé en Slovénie

FSC
www.fsc.org
MIX
Paper from responsible sources
FSC® C110418

J'ai décidé de devenir

UNIQUE ET FABULEUSE !

Mademoiselle Smoothie

EYROLLES

UN JOUR, J'AI DÉCIDÉ DE DEVENIR

Unique et Fabuleuse !

Il n'est pas toujours facile pour une femme moderne de se confronter aux déboires de la vie quotidienne. Alors, si nous ne nous mettons pas nous-mêmes dans la peau d'une « Unique et Fabuleuse », qui va le faire à notre place ?!

Tel est le challenge de Mademoiselle Smoothie qui tente, au quotidien, d'aider chacune d'entre nous à devenir tout simplement...

« Unique et Fabuleuse » !

« Deviens qui tu es. »

- Friedrich Nietzsche -

Aujourd'hui, on m'a dit que j'étais grosse... et que je n'avais qu'un seul cheveu sur la tête...
Mais je m'en fous parce qu'aujourd'hui et à jamais...
Je serai **UNIQUE ET FABULEUSE !**

MES BONNES RÉSOLUTIONS

Chaque année, c'est le même refrain : on écrit ses bonnes résolutions… On y croit, on en veut, on se sent *Wonder Woman* ! Et puis, comme chaque année, on les abandonne au bout d'une journée…
Alors cette année, j'ai décidé de me fixer des objectifs réalistes et motivants !
Pour une fois, j'en suis certaine, mes bonnes résolutions… je les tiendrai !

Il faudrait que tu changes de coupe de cheveux...
et puis aussi ta façon de t'habiller...
Et si je changeais de copain plutôt ?
...

« Pour ce qui est de l'avenir, il ne s'agit pas de le prévoir mais de le rendre possible. »

- Antoine de Saint-Exupéry -

MÉTRO, BOULOT, TRICOT

Mademoiselle Smoothie, vous faites partie de nos meilleurs éléments...
Merci, chef...
C'est pourquoi je vous augmente !!
Cooooool !!!
Vous me ferez 40 heures sup' par semaine !
Non récupérables et non payées... Petite chanceuse !

« Choisissez un travail que vous aimez et vous n'aurez pas à travailler un seul jour de votre vie. »

- Confucius -

PRINCE CHARMANT : *SOLDOUT* !

Mon prince charmant n'était en fait qu'un ~~crapaud~~ salaud !

Le top 5 de ce que les autres vous disent pour vous remonter le moral :

1. Ce n'était qu'un con !
2. Ça passera avec le temps... TICTACTICTAC
3. Un de perdu, dix de retrouvés (ou pas).
4. La prochaine fois, ce sera le bon ! Le Bon, la Brute et le Truand
5. Il ne te méritait pas (cf. Ce n'était qu'un con !).

Heureusement,
Je reste Unique et Fabuleuse !

Tu connais la différence entre le prince Charmant et le père Noël ?
Euh... non... Je ne vois pas...
Eh bien, le père Noël, c'est vrai !

« Mesdames, un conseil, si vous cherchez un homme beau, intelligent et riche... prenez-en trois ! »

- Coluche -

MAIGRIR SANS RÉGIME, C'EST POSSIBLE !

- J'évite tout ce qui me rend de mauvaise humeur.
- J'arrête les pensées négatives.
- Je regarde tout ce que j'ai déjà accompli.
- Je suis fière de ce que je suis et de ce que je fais.
- J'essaie d'abord d'être bien dans ma peau avant de m'attaquer aux problèmes des autres !

Au final, j'ai perdu 2 kilos de « malheureuse attitude »
et gagné 2 kilos de qualité de vie !

Texte : Un fantastique anonyme !

« Un baiser est une gourmandise
qui ne fait pas grossir. »

- Marilyn Monroe -

LA REINE DES CRÊPES, C'EST MOI !

Ma recette pour des crêpes Uniques et Fabuleuses !

Ingrédients pour 15 crêpes (= 1 personne dépressive) :

- 300 g. de farine,
- 3 œufs entiers,
- 3 cuillères à soupe de sucre,
- 2 cuillères à soupe d'huile,
- 50 g. de beurre fondu,
- lait (environ 50 cl) à doser jusqu'à ce que la crème épaississe,
- un petit verre à liqueur de rhum.

Mettez la farine dans une terrine et formez un puits (partie la plus facile !). Ajoutez les œufs entiers, le sucre, l'huile et le beurre.

Mélangez délicatement avec un fouet en ajoutant au fur et à mesure le lait. La pâte ainsi obtenue doit être liquide et légèrement épaisse (si cela ressemble à une pâte pour gâteau : *wrong way !*).

Faites chauffer une poêle antiadhésive et déposez-y quelques gouttes d'huile. Faites cuire les crêpes à feu doux.

Tartinez généreusement vos crêpes de chocolat, de sucre ou de sirop d'érable, au choix !

Où sont mes crêpes, ma fleur des bois ?
!

« Je mange du gâteau parce que c'est toujours bien l'anniversaire de quelqu'un quelque part. »

- Anonyme -

MA SAINT-VALENTIN
Unique et Fabuleuse

Ce billet s'adresse à toutes les Uniques et Fabuleuses qui sont célibataires le jour de la Saint-Valentin. Voyez le bon côté des choses... et tout ira bien !

- Pas besoin de se creuser la tête pour trouver une idée, un cadeau... Et de faire la chasse aux cadeaux dans la foule, la cohue et le stress !
- Pas besoin d'offrir un restaurant qui vous coûte deux salaires. Pour en plus s'entendre dire après : « C'était moyen comme endroit, non ? »
- Pas besoin d'être en mode « Je suis parfaite » pour cette soirée. Vous avez le droit d'avoir un bouton immonde sur le visage et de vous faire un masque tranquille !
- Même pas déçue ! Plus on s'attend à du grandiose de la part de son amoureux, plus on a de risques d'être déçue.
- Vous pouvez organiser une soirée entre copines célibataires. Pour mettre à jour vos potins, picoler et être complètement scandaleuse !
- Vous pouvez m'envoyer un mail à l'adresse : 14fevrierpuedes-pieds@gmail.com. Pour me raconter votre journée, et promis, je vous répondrai !

Mon roudoudou d'amour, mon loulou, mon p'tit coeur !
Ma fleur des bois, mon chaton, ma libellule...
Mon ourson, mon chouchou...
Ma petite caille, mon dindonneau...
...Ton **QUOI** ???!!!
Euh... Mon dindonneaudinnet... Tout petit, tout mignon... !

« La pluie tombe comme nous tombons amoureux : en déjouant les prévisions. »

- Martin Page -

MON PREMIER RENCARD

Le kit de survie pour un premier rencard :

- Choisissez des vêtements dans lesquels vous pourrez respirer même si vous n'ingurgitez qu'une feuille de salade et un verre d'eau. *Burp*
- Mettez des talons pour marcher de la voiture au restaurant et inversement sans vous étaler de tout votre long ! Plaaaf !!
- Arrivez au moins 15 minutes en retard. C'est le minimum syndical ! Le mieux étant de partir à l'heure où vous devriez être arrivée. Ouh là ! Il est déjà si tard ?!
- Prévoyez une sortie de secours. Imaginez : il est laid, pas drôle et débile ! Mettez toujours un plan « alerte relou » au point avec une de vos amies pour vous tirer de là ! Mon papa est malade, je dois retourner en Bavière (*accent allemand).
- Ne lui dites pas : « *I love you, you're the one for me !* » parce que vous pensez que c'est l'homme de votre vie après avoir bu pendant tout le repas ! Sinon vous le ferez fuir à jaaaaamaaaaaais ! Étiquette de la psychopathe ou de la désespérée !

Alors, tu as pris tes renseignements sur ton rencard de demain ?
OUI ! Je connais son âge, boulot, mail, téléphone, adresse, toutes ses ex, ses photos, ses amis...
Mais tu es pire que le FBI !!
Non, je suis **AMOUREUSE** !
Ou psychopathe... Au choix !

« Arrêtez de chercher l'homme de votre vie,
cherchez plutôt l'homme de votre nuit...
Et peut-être qu'un jour, s'il est à la hauteur...

Eh bien peut-être que toutes vos nuits
ensemble... ça fera une vie, tout naturellement ! »

- Les Allumeuses -

JE NE SUIS PAS UN MANCHOT !

Pour un cadeau détonnant et original, voici un petit tutoriel DIY pour réaliser simplement et rapidement de jolis emballages personnalisés ! De quoi épater vos amis en leur offrant ce petit livre dans un emballage Unique et Fabuleux !

Le matériel :

1. Du papier cadeau*.
2. Du ruban.
3. Choisissez une étiquette pour customiser votre paquet cadeau*.

Mode d'emploi :

Emballez soigneusement le livre de Mademoiselle Smoothie avec le papier cadeau. Mettez du ruban tout autour du paquet. Ensuite, collez l'étiquette de votre choix* avec le nom de la personne à qui vous allez offrir le livre. Et voilà : le tour est joué, vous avez réalisé un emballage Unique et Fabuleux !

*À imprimer et à découper *via* le site de www.mademoisellesmoothie.com
Pour le papier cadeau : impression format A3.

Je suis fière de moi...
J'ai enfin réussi à construire quelque chose de mes propres mains !
J'ai réussi à monter... un jouet Kinder !
Et sans la notice !

« Le talent ça n'existe pas, le talent c'est d'avoir envie de faire quelque chose. »

- Jacques Brel -

VOUS AVEZ UN NOUVEAU MESSAGE

Pas un message… Même pas de votre mère ! Ça fait une semaine que vous poireautez devant votre téléphone… et rien… même pas un sms… ! Pas de panique, il y a toujours une bonne raison… parce que l'homme que vous avez rencontré est un :

- Boulet : il a perdu son portable. Et vous avec !
- Globe-trotter : il est parti dans un endroit où le réseau et le Wi-Fi n'existent pas. Ou alors, c'est un gros mythomane… !
- Angoissé : il hésite à vous téléphoner depuis une semaine. Le stressé de la vie : qui suis-je ? Où vais-je ? Dans quel état j'erre ? À éviter !
- Distrait : il a perdu votre numéro. Du genre à oublier aussi votre anniversaire ! Vous n'avez rien perdu !
- *Serial lover* : il a tellement de filles dans son répertoire qu'il a oublié votre prénom. Serial enf**** !
- Romantique : il vous a envoyé une lettre d'amour par pigeon voyageur. C'est l'homme de votre vie, mais vous ne le savez pas encore… !

Tu as eu des nouvelles de Paul depuis votre rupture ?
Oui... Il m'a laissé au moins cinq messages sur mon répondeur...
Mais je ne les ai pas écoutés !
Je suis fière de toi !
Oui ! Et d'ailleurs, je l'ai appelé pour le lui dire !

« Une fille n'a pas besoin de quelqu'un qui n'a pas besoin d'elle. »

- Marilyn Monroe -

L'IDÉALISTE

La recette

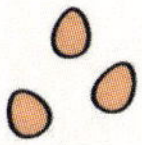

- Je vois la vie en rose.
  « Heureuse… Heureuse… »
- Je garde espoir.
  « En essayant continuellement, on finit par réussir, donc plus ça rate, plus on a de chance que ça marche. »
- Je souris.
  « Le sourire est le plus beau maquillage qu'une fille puisse porter. »
- Je ne regrette rien.
  « Mieux vaut avoir des remords que des regrets. »
- Je suis Unique et Fabuleuse.

Ce en quoi je crois le plus ?
En l'amour ! Le vrai ! Celui qui dure toute une vie, celui qui nous rend heureux pour toujouuurs !
Bon, il est vrai aussi que je crois en Casper le fantôme, je suis sûre que Chewbacca existe quelque part...
Et je suis convaincue que la paix dans le monde est prévue pour demain !

« Le pessimiste se plaint du vent,
l'optimiste espère qu'il va changer,
le réaliste ajuste ses voiles. »

- William Arthur Ward -

LA RUPTURE : MÊME PAS MAL !

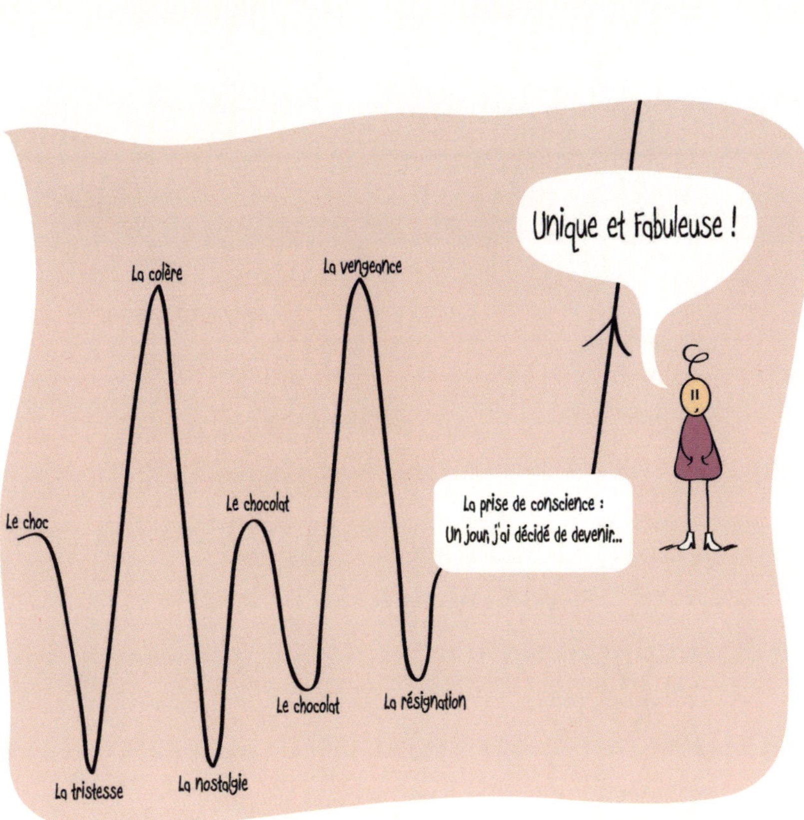
Le choc
La tristesse
La colère
La nostalgie
Le chocolat
Le chocolat
La vengeance
La résignation
La prise de conscience :
Un jour j'ai décidé de devenir...
Unique et Fabuleuse !

Texte : Sex and the City

LA VENGEANCE D'UNE Unique et Fabuleuse

La vengeance est un plat qui se mange froid… et moi, je suis la Reine des Neiges ☺

- Fallait pas casser mon cœur, il est beau le résultat !
  Commander une vingtaine de pizzas.
  Et les lui faire livrer et payer à son domicile.
- Lui écrire une lettre anonyme.
  Je sais ce que tu as fais.
- Lui laisser des messages vocaux.
  Avec une voix transformée style « kidnappeur ».
- Dire à sa mère qu'il n'a jamais aimé ses petits plats du dimanche soir.
  Ça va barder pour le petit fifi !
- Enrouler sa belle voiture de papier toilette.

« I will be back. »

- Terminator -

Hinhinhin !
Aiiiiiieeeeeuuuh !!
(suite et fin !)

REBELLE

La playlist de la rébellion !

- *Résiste*, France Gall
  « Prouve que tu existes ! »
- *Temps à nouveau*, Jean-Louis Aubert
  « Il est temps à nouveau de se jeter à l'eau »
- *Mourir pour des idées*, Georges Brassens
  « L'idée est excellente, Moi j'ai failli mourir de ne pas l'avoir eue »
- *Les bourgeois*, Jacques Brel
  « Les bourgeois, c'est comme les cochons, plus ça devient vieux, plus ça devient con ! »
- *La Marseillaise*
  « Aux armes, citoyens ! »

Je veux vivre en dehors de toutes contraintes !
La LIBERTÉ ! N'écouter que ses envies, faire ce que l'on veut quand on veut, VIVRE LA VIE A 100% !
Bipbip
RAPPEL
Passer à la blanchisserie ; Faire les courses ; Entretien voiture ; Rappeler ma mère ; Payer factures ; Boucler dossier n°15259 ; 120 notifications ; 42 mails
SCROUTCH!!!

« Résiste ! »

- France Gall -

Prouve que tu existes

Bats-toi, signe
et persiste

Refuse ce monde
égoïste

Suis ton cœur
qui insiste

SMILE !

La playlist de la bonne humeur !

- *Happy !*, Pharrell Williams
- *Smile*, Frank Sinatra
- *Il en faut peu pour être heureux, Le Livre de la jungle*
- *La ballade des gens heureux*, Gérard Lenorman
- *Happy* !, C2C
- *I'm Smiling*, Inna Modja

Ma fleur des bois ! Je te promets de ne plus sortir avec mes potes, de ne plus me saouler et de faire à manger tous les soirs !
Ooooh mon roudoudou !! C'est adorable, c'est tellement mignon et...
POISSON D'AVRIIIIILLLL !!!!
Hilarant...
Ahahahahaha !!

« Une journée sans rire est une journée perdue. »

- Charlie Chaplin -

BE YOURSELF

Rencontre entre Charlie Chaplin et Albert Einstein

– Einstein à Chaplin :

« Ce que j'admire le plus dans votre art, c'est son universalité.

Vous ne dites pas un mot, et pourtant le monde entier vous comprend. »

– « C'est vrai », réplique Chaplin.

« Mais votre gloire est plus grande encore : le monde entier vous admire, alors que personne ne vous comprend. »

soyez avec quelqu'un qui vous rend heureux !

« Sois toi-même, les autres sont déjà pris. »

- Oscar Wilde -

JE M'OFFRE AU MOINS UN CAPRICE PAR JOUR

Offrez-vous au moins un caprice par jour, surtout quand vous avez été très contrariée… et parole de Mademoiselle Smoothie, vous vous sentirez beaucoup mieux !

- S'acheter une boîte d'oursons en chocolat et essayer de manger le chocolat sans abîmer la guimauve qui se trouve en-dessous. Peu importe pour le dossier urgent… il y a des priorités dans la vie !
- Chanter toutes les chansons les plus funs, décalées, de dessins animés, des années 90… particulièrement dans les embouteillages. Peu importe si les gens vous regardent bizarrement… ce rêve bleu est le vôtre !
- S'octroyer une sortie resto parce que vous n'avez plus rien dans votre frigo et aucune envie d'aller faire les courses. Peu importe si un magasin se trouve à 50 mètres de chez vous… vive l'épicurienne qui sommeille en vous !
- Savourez des moments rien qu'avec vous-même avec un bon livre, un verre de vin et un plaid. Peu importe si vous ressemblez étrangement à Bridget Jones dans votre pyjama nounours… Bridget ne s'en sort pas si mal en fin de compte ☺

Oooh mon Roudoudou ! Tu m'achètes un beau bouquet de fleurs pour demain ??
Ah non, j'ai pas que ça à faire demain !
Dommage... C'était pour mon anniversaire...
!
Je lui refais le coup dans trois mois !

« Si vous ne me supportez pas pour le pire, nul doute que vous ne me méritez pas pour le meilleur. »

- Marilyn Monroe -

J'AI APPRIS À CUISINER AVEC RONALD

J'ai un secret : je l'avoue, je ne sais pas cuisiner ! Je dois donc trouver quelques astuces pour survivre au quotidien !

- Drive-in « Chez Maman » ouvert 24 h sur 24 : vous pouvez demander ce que vous voulez, quand vous voulez, et vous l'aurez ! Ce soir, la dorade sur son lit de purée aux navets accompagnée de sa sauce blanche.
- Inviter des amis chez soi : ils ont tellement peur que vous ne les intoxiquiez qu'ils apportent eux-mêmes leur nourriture. La bonne occasion pour vous de bien manger ! Pas d'indigestion pour ce soir !
- Terminer les restes des repas de vos collègues : parce que votre collègue fait toujours trop à manger et qu'elle a toujours de bons petits plats mijotés pour le lendemain midi, n'hésitez pas à lui faire vos yeux de chien battu pour lui en chiper ! Et le lundi, en prime, vous aurez de la tarte faite maison du dimanche !
- Piquer des légumes dans le jardin du voisin : parce que vous ne savez pas faire la différence entre une laitue et un chou-fleur, implorez l'aide de votre petit voisin dont le potager est une mine d'or pour l'affamée que vous êtes ! Et peut-être qu'en insistant un peu, il vous fera de la bonne soupe en hiver !

Alors... « Abaissez votre morceau de pâte pendant que vous abricotez une partie de la robe de la poularde tout en réalisant une aiguillette avec des aiguilles à brider... »
...
Allô ? pizza pronto ?
Vous livrez à domicile ?

« Cuisiner suppose une tête légère, un esprit généreux et un cœur large. »

- Paul Gauguin -

JE SUIS MALÂÂÂÂDE !

Je suis malade !

Parce que c'est frais, léger et plein de vitamines... Rien de tel qu'un bon smoothie pour se ravigoter !

Voici une recette de smoothie à réaliser lorsqu'on est malade... ou pas !

Rien de très compliqué, même moi j'y arrive !

Pour 2 ou 3 personnes :

- 2 pommes,
- 3 kiwis mûrs,
- 1 yaourt nature,
- 120 g de jus de pomme.

Peler les fruits et les couper en morceaux. Les mettre, avec tous les autres ingrédients, dans un robot et mixer pour obtenir une préparation bien homogène et lisse. Déguster sans tarder pour préserver les vitamines.

Le cas échéant, vous pouvez toujours rajouter une rasade de vodka, l'alcool aussi tue les microbes, non ?! ☺

« J'ai décidé d'être heureux
parce que c'est bon pour la santé. »

- Voltaire -

Coucou ! Ça te dit de sortir ce soir ?
Euuuh... Oulàlà ce soir... Pas possible !
Je suis malade ! J'ai de la fièvre, des boutons partout, je transpire, je me mouche, je suis super contagieuse !
... OK !
Qu'est-ce qu'il ne faut pas dire pour rester peinard chez soi !

QUAND JE SERAI GRANDE…

Parce que Mademoiselle Smoothie, c'est d'abord une fabuleuse aventure sur les réseaux sociaux, j'ai décidé de mettre les internautes à l'honneur en publiant leurs rêves d'enfants ! Merci à elles pour leur humour !

- Je voulais être une princesse… Pour ne pas devoir ranger et nettoyer !
- Je voulais être boulangère… Pour manger tous mes petits pains !
- Je voulais emmerder mon monde… Et j'y arrive parfaitement !
- Je voulais être « policière »… Pour ne pas mettre de PV à ma maman qui en avait souvent et qui râlait !
- Je voulais être péripatéticienne et puis présidente de la République… La même chose, finalement !
- Je voulais être fermière avec des vaches, des poules, des poneys… Des girafes et des hippopotames !
- Je voulais être Unique et Fabuleuse… Et j'y suis arrivée, grâce à vous !

« Il n'est jamais trop tard pour devenir ce qu'on aurait pu être. »

- George Eliot -

Quand j'étais petite, je voulais être une artiste, parcourir le monde entier...
Je voulais soigner les tortues de mer, sauver les koalas et les pandas !
Je voulais être pilote de chasse, devenir une aventurière, archéologue...
Et découvrir des trésors !
OOOOOH !
INDIANA JONES !
Mon DOSSIER, C'EST POUR AUJOURD'HUI OU POUR DEMAIN ????!!!!

SATURDAY NIGHT FEVER

Il faut avoir du style quand on est en soirée ! Et Mademoiselle Smoothie essaie de s'en sortir comme elle le peut… !

Ça te dirait qu'on sorte ensemble ?
QUOI ?! J'entends rien avec la musique !
x TU Et un
rTON !
Moonwalk !
Pauv' type !
...

« Je bois du champagne uniquement lors de deux occasions : quand je suis amoureuse… et quand je ne le suis pas. »

- Coco Chanel -

JE NE SUIS PAS UNE FILLE FACILE

- Je suis une rebelle.
- Je suis indépendante.
- Je me bats contre les injustices.
- Je suis exigeante avec moi-même et les autres.
- Je suis une femme combattante.
- Je suis à la recherche de la perfection dans ce que j'entreprends.
- J'adore me fixer et remporter des challenges.

Alors, suis-je vraiment « une fille facile » ?! ☺

« La meilleure façon de se délivrer de la tentation, c'est d'y céder. »

- Oscar Wilde -

J'embrasse le premier soir...
Je couche le deuxième...
Et j'emménage le troisième !
Peut-être un peu trop facile....

J'AI TRENTE ANS : LE BILAN

Chers enfants nés en 1984, tout comme vous, cette année et plus exactement le 12 juin, j'aurai… trente ans ! Il paraît que c'est le plus bel âge pour une femme, cela veut dire aussi qu'à trente et un ans, tout sera foutu ! Avant cette date fatidique, j'essaie par conséquent de profiter au maximum de ma dernière année dans la vingtaine…

Parce qu'à trente ans…

- Vous n'avez toujours pas d'enfant et vous n'êtes toujours pas mariée ? Et les gens vous regardent comme si vous étiez la dernière des pestiférées ! Ne cédez pas à cette pression, surtout si les enfants des autres vous suffisent amplement !
- Les années 90, c'était il y a 25 ans… Ce qui vous donne tout à fait la possibilité de sortir avec un petit jeune né dans les années 90, vous êtes une cougar et vous l'assumez !
- J'ai encore des rêves. Bon d'accord, c'est trente ans, mais on ne meurt pas non plus ! On a encore beaucoup de temps pour accomplir de chouettes projets !

Mon bilan :

Je vais avoir trente ans et je vais tout faire pour que d'ici là, je devienne absolument… Unique et Fabuleuse !

Tu as droit à un vœu pour ton anniversaire Mademoiselle Smoothie !
Je souhaite rencontrer mon prince charmant : beau, intelligent et gentil !
C'est ton anniversaire, pas le miracle de Noël !
...
Un p'tit thé à la place ?

« Ce qui est bien avec la trentaine, c'est que maintenant, au moins, je tiens l'alcool. »

- Bridget Jones -

LES FEMMES ENCEINTES
Uniques et Fabuleuses !

Une femme enceinte, qu'on se le dise, c'est chiant ! Ça ne boit plus, ça ne danse plus, ça ne parle que de son futur bébé, ça boit de l'eau chaude avec des plantes dedans… Bref, on s'emmerde ! Mais il y a une exception. La femme enceinte « Unique et Fabuleuse ».

- La femme enceinte Unique et Fabuleuse boit du smoothie citron. Non pas pour les vertus et les vitamines que cela lui prodigue, mais pour lui donner la sensation, le souvenir intense, que oui, jadis, elle buvait et, surtout, qu'elle aimait la chope. Des années de guindailles ruinées en un instant et pour des mois (voire des années) par cette petite chose qui grandit tel un Alien dans son corps.
- La femme enceinte Unique et Fabuleuse a gardé un grand sens de l'humour. Déjà, parce qu'elle est enceinte (il faut en avoir beaucoup pour en arriver à ce stade). Mais en plus parce que, dans le fond, elle avoue ne pas aimer les enfants, en tous cas ceux des autres.
- Un grand merci à toutes ces Uniques et Fabuleuses enceintes qui nous font rire malgré leur état (ô combien désastreux) ! Et je suis sûre qu'elles feront toutes des mamans, tout simplement, Uniques et Fabuleuses !

Je ne sais pas ce qu'il se passe pour le moment...
Mais toutes mes copines sont enceintes !
Je me demande
vraiment ce qu'elles ont...
Un mec !

« L'enfant marche joyeux, sans songer au chemin, il le croit infini, n'en voyant pas la fin. »

- Alfred de Musset -

L'Unique et Fabuleuse FACE À SES EX

Un conseil : quittez Facebook lors d'une rupture ou bloquez la personne dont il est question car mieux vaut rester dans l'ignorance que dans les tourments facebookiens... ! Vous éviterez ainsi les catastrophes qui suivent...

Les nouvelles technologies de l'information et de la communication

- Cliquer sur « J'aime » sans le faire exprès sur l'une de ses photos. Où il est justement avec sa nouvelle copine !
- Le voir heureux et épanoui sur ses photos de profil. Il ne va pas mettre celles où il vous pleure de toutes ses larmes.
- Avoir accès à tous ses nouveaux amis... Et surtout nouvelles amies !
- Son nouveau statut : en couple. Et puis ce sera « Fiancé » et puis « Marié »... Passez-moi une corde !
- Voir toutes les aventures qu'il vit... Sans vous...

Inutile de vous rendre malheureuse pour rien, vivez votre vie et peut-être qu'un jour, vous le croiserez au coin d'une rue avec sa nouvelle copine... Et peut-être que ce jour-là, vous n'en aurez plus rien à faire. ☺

Mon ex ? Je n'en ai plus rien à faire !
Ah c'est bien ! Ce n'était qu'un looser !! En plus, il est avec une de ces potiches...
Ils sont déjà mariés et il paraît qu'elle est enceinte ! Pfff ! Ça me fait rire !
Bouuuuuh!!!
Oups...
Viens, on va se saouler !

« La vie, c'est comme la bicyclette, il faut avancer pour ne pas perdre l'équilibre. »

- Albert Einstein -

MES AMIES Uniques et Fabuleuses

Le profil des amies

- L'overbookée
  Pas le temps !
- La comique
  Toujours un mot pour rire !
- La bricoleuse
  MacGyver, c'est elle !
- La retardataire
  En retard, en retard !
- L'organisée
  Les tableaux Excel, c'est son fort !
- La mère poule
  Fais pas ci, fais pas ça !
- La fidèle au poste
  Toujours là pour toi !
- La *serial lover*
  La briseuse de cœurs !

© Extrait de Bridget Jones

« I'll be there for you. »

- The Rembrandts -

LES ENFANTS vs L'Unique et Fabuleuse

Extrait de "VDM"

... Et alors après on a dessiné et puis j'ai une nouvelle amie Clara, puis l'institutrice elle a parlé de qu'est-ce qu'on voulait faire plus tard, moi j'aimerais être une princese, ou alors chanteuse ou un médecin pour hérisson et puis c'était la récré alors on a joué et Mélissa m'a tiré les cheveux et même que j'ai vomi, l'institutrice elle m'a punie parce que j'ai vomi, mais j'en pouvais rien, c'est parce que j'ai mangé des vers de terre avec Antoine... je l'aime bien Antoine, c'est mon amoureux pour la semaine et puis il y a Louis aussi mais je ne sais pas, j'hésite, c'est difficile de choisir. Et puis on a parlé des vacances, c'était bien les vacances, je suis partie à la mer et puis j'ai encore vomi parce que je n'avais toujours pas digéré les vers, alors tous les enfants ont crié, alors après on est sorti parce que ça puait le vomi. Et maintenant, tu m'aides à faire mes devoirs, hein dis Tata Smoothie ? Steuplé steuplé ! Et puis aussi eh ben et blablablablablablabla...........

« Chaque homme cache en lui
un enfant qui veut jouer. »

- Friedrich Nietzsche -

LES SOLDES : QUE LA FORCE SOIT AVEC VOUS !

Mon kit de survie spécial « Soldes » !

- Mettre des chaussures plates.
  Parce que marcher pendant des heures en talons, ce n'est pas le top !
- Être accompagnée par l'une de ses meilleures amies.
  Si possible qui ne fait pas la même taille que vous, sinon cela risque de mal se passer !
- Prendre un mini sac à main en bandoulière.
  Mieux vaut avoir les mains entièrement libres pour attraper tout ce que vous pourrez.

- Éviter tout contact avec la nouvelle collection.
  Gare à votre compte bancaire !
- Créditer ses comptes bancaires.
  Avec tout ce que vous pourrez trouver et rassembler !
- Être heureuse et satisfaite de ses achats.
  Même si vous avez acheté pour la 78 000e fois une jolie petite robe noire qui restera à jamais dans le fond de votre armoire.

Texte : Un fantastique anonyme !

« Tous les objets d'une penderie devraient porter une date limite comme le pain, le lait et les journaux. »

- Andy Warhol -

CHOISIR, C'EST RENONCER

Les choix qui s'offrent à nous…

Dès leur naissance, on explique aux femmes modernes qu'elles peuvent faire et être tout ce qu'elles veulent, que ce soit astronaute, directrice d'école, cadre financier, manager dans une boîte de NTIC ou mère au foyer. Il n'y a plus de règle et les choix sont infinis.

Mais est-il possible que nous ayons été confrontées à tant d'options que nous soyons devenues incapables d'en choisir une ? Et qu'une partie de nous sache qu'une fois que l'on a choisi quelque chose, un homme, un appart super, un boulot génial, nous sommes forcées de renoncer aux autres options ?

Sommes-nous une génération de femmes incapables de nous décider ? Pouvons-nous tout avoir ?

Yes, We Can !

« Choisir, c'est renoncer. »

- André Gide -

Coucou toi ! Devine qui c'est !
Euuuh... ? Nicolas, Sébastien, Marc, Paul ?
À moins que... Éric ? Alexandre ? Karim ? Renaud ?
Taaaaaat...
Allô ?

JE SUIS CÉLIBATAIRE

Je suis célibataire, et en tant que célibataire, il y a certaines phrases ou commentaires que je n'ai pas nécessairement envie d'entendre ! Alors chers amis en couple, lisez attentivement ce qui suit pour garder des amis célibataires Uniques et Fabuleux dans votre vie ! ☺

- Tu es trop exigeante.

  Si je ne le suis pas maintenant, je ne le serai jamais. Et puis, en réfléchissant bien, on n'achète pas un vêtement qui ne nous va pas ou des chaussures trop petites qui font mal aux pieds... eh bien pour les mecs, c'est pareil !

- Il vaut mieux être seule que mal accompagnée.

  Si je veux être mal accompagnée, c'est mon problème ! Si je veux du Bad Boy, des cris et du mélodrame, c'est mon problème aussi !

- Je connais quelqu'un à te présenter.

  Attention, mayday, danger, alerte rouge ! Si c'est pour se retrouver coincée avec le cousin du vieil oncle Robert, là, vous risquez très fortement d'être mal accompagnée !

Conclusion : pensez plutôt à nous dire de nous éclater et à profiter du moment présent, la vie n'est faite que de rencontres ! ☺

« *I restore myself when I'm alone.* »

- Marilyn Monroe -

En recharge...

Mes envies

Mes projets

Mes rêves

Mes attentes

Ca fait combien de temps que tu es célibataire ?
Depuis le mois de janvier...
Oh ben ça va !
Le mois de janvier... 2006...

E-FABULEUSE 2.0

Depuis l'émergence des moyens de communication, il n'a jamais été aussi difficile de se joindre ! « C'était mieux avant », du temps du téléphone où lorsqu'on attendait une réponse de quelqu'un, c'était simplement en écoutant le(s) ou les message(s) vocaux sur son répondeur. C'était clair et précis ! Maintenant tout est différent... !

Les nouvelles technologies de l'information et de la communication

J'ai envoyé un sms à un gars
Il m'a répondu par mail
Je l'ai rappelé sur son téléphone et lui ai laissé un message
Il m'a répondu par message privé sur Facebook
Je n'ai vu la notification qu'une semaine après
Il m'avait enlevée de Facebook
Je l'ai croisé par hasard dans la rue
On est allés boire un café
Et on a discuté

☺

« *Think different.* »

- Steve Jobs -

Je peux avoir ton numéro de téléphone ?
Non
Ton adresse mail ?
Facebook ?
Linkedin ?
Twitter ?
Non
Nan
Noon
Naaaaan !!
...
M'en fous...
Je ferai une recherche sur le Net !

MA BELLE-MÈRE… QUI N'EST PAS Unique et Fabuleuse !

Il existe différents modèles de belle-mère…

- L'envahisseuse
  Quoi que vous fassiez, où que vous soyez… elle est là ! Elle a les clés de votre maison, l'adresse de votre boulot, le nom de votre café préféré, elle vous retrouvera toujours !

Conseil : Partez habiter loin, très loin, sur une île déserte par exemple.

- La « jamais contente »
  Vous seriez même une merveille du monde, que vous ne seriez pas à la hauteur des exigences de sa majesté suprême ! Fais pas ci, fais pas ça… ce n'est jamais bon.

Conseil : Arrêtez d'essayer de lui plaire et restez vous-même !

- La méchante
  Typiquement le même profil que la méchante belle-mère des contes de fées. Elle fera tout pour vous pourrir la vie !

Conseil : Changez de chéri (et de belle-mère, par la même occasion) !

- La bienveillante
  Il paraît qu'elle existe, vraiment ! Une gentille belle-mère qui vous considère comme sa propre fille.

Conseil : Jackpot ! Vous pouvez vous marier sans crainte !

« Derrière toute réussite, il y a un mari ravi et une belle-mère étonnée. »

- Brooks Hays -

Bonjour Belle-Maman...
J'avais un peu de temps, donc je passe vous dire bonjour...
Ah bon... les magasins sont fermés ?
Je vais y aller...
Bonne idée...

JAMAIS CONTENTE !

L'éternelle insatisfaite...

- Je suis en couple...
  Et je regrette mon indépendance de célibataire.
- Je suis célibataire...
  Et je rêve d'une famille.
- J'ai un boulot stable et intéressant...
  Et je veux partir à l'autre bout du monde sauver les tortues de mer !

À l'ère du triomphe de l'individualisme, nous pouvons décider de notre mode de vie, de notre carrière et de nos amours. Or, le bonheur est loin d'être toujours au rendez-vous...

Alors, dès aujourd'hui, j'ai décidé d'apprécier à sa juste valeur tous les beaux moments de la vie ! Parce qu'être heureux, c'est aussi apprendre à vivre avec ses manques et ses imperfections. Et puis, de toute façon, je ne suis pas parfaite mais... je reste tout de même Unique et Fabuleuse !

Profitez du moment présent, c'est le plus important ! Et comme disait ce bon vieil Horace : *« Cueille le jour présent sans te soucier du lendemain. »*

« Pourquoi contredire une femme ?
Il est tellement plus simple d'attendre
qu'elle change d'avis ! »

- Jean Anouilh -

Ce soir, je sors avec les copines ! Et toi, tu fais quoi ?
Je reste à la maison avec mon chéri... !

Quelle chance elle a...

LA PAUSE POTIN DU DIMANCHE

Ingrédients :

- Des copines,
- Les potins de la semaine,
- Des coussins moelleux,
- Des biscuits,
- De la bonne humeur.

Ah oui ! Et le thé !

« Des jours meilleurs arrivent... »

- Anonyme -

J'adore les jours
où mon seul problème est....
Thé
ou
Café

VOYAGE, VOYAGE

Pour passer le temps dans les transports, en attendant d'arriver à destination, voici le miniquiz de la voyageuse Unique et Fabuleuse !

1. Comment se nomme l'amoureux de Mademoiselle Smoothie ?
   a- Gros Nase.
   b- Roudoudou.
2. Que fait-on lorsqu'on a perdu les clés de chez soi ?
   a- Le tour du monde.
   b- Le tour du pâté de maison.
3. Comment savoir si un homme nous aime ?
   a- Effeuiller la marguerite : « Il m'aime, un peu, beaucoup… »
   b- En consultant l'avis de ses amis, psy, famille et voisins.
4. Le chocolat est un légume, lequel ?
   a- Carotte.
   b- Salade.
5. Comment garde-t-on un homme à vie ?
   a- En le chouchoutant.
   b- En l'enfermant dans la cave (avec un peu d'eau et de pain).

Réponses : 1-b ; 2-a ; 3-a ; 4-b ; 5-b

Texte : un fantastique anonyme !

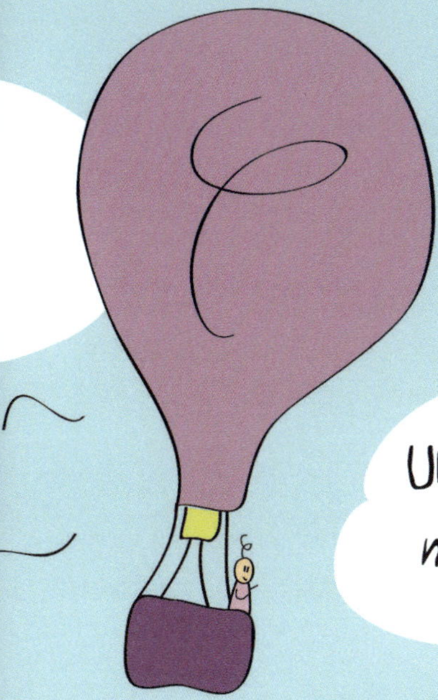

Un jour, j'ai perdu les clés de chez moi... alors je suis partie faire le tour du monde...

L'Unique et Fabuleuse *vs* PRINCESSE : LA LUTTE FINALE !

Les raisons pour lesquelles il vaut mieux être Unique et Fabuleuse plutôt que princesse…

- Les hommes

  Un prince charmant en collant qui chante avec des oiseaux… hum… Mais au moins, ils savent danser la valse, ce qui, ma foi, est un bon point.

- Les chansons

  Personnellement, je chante extrêmement faux, ce qui n'arrange pas mes affaires en tant que princesse. Raconter ma vie en chansons n'a jamais été mon fort, je laisse cela aux cantatrices ! La Castafiore, c'est à vous !

- Les animaux

  Il faut avouer que toutes les princesses ont ce don de comprendre les animaux mais aussi de dialoguer avec eux. Ce qui n'est généralement pas mon cas (sauf quand j'ai bu).

- La carrière professionnelle

  Il ne vous faudra pas être ambitieuse dans le travail… Votre unique objectif de la journée étant de faire le ménage, préparer le dîner !

Mon roudoudou ! J'aimerais que tu me traites comme une princesse !
Ok...
Tu peux demander de l'aide aux petites souris pour le ménage et n'oublie pas de me préparer mon dîner !

« Cendrillon est la preuve qu'une paire de chaussures peut changer une vie. »

- Anonyme -

I'M SO BEAUTIFUL !

Chez le coiffeur...

Le cheveu lissé

Le cheveu bouclé

Coupe courte

Le cheveu parfait !

« Chaque femme a besoin d'un homme qui ruine son rouge à lèvres et non son mascara. »

- Marilyn Monroe -

AMOUR, CAUSE TOUJOURS !

Sous le pont Mirabeau coule la Seine
Et nos amours
Faut-il qu'il m'en souvienne
La joie venait toujours après la peine
Vienne la nuit sonne l'heure
Les jours s'en vont je demeure
L'amour s'en va comme cette eau courante
L'amour s'en va
Comme la vie est lente
Et comme l'espérance est violente
Vienne la nuit sonne l'heure
Les jours s'en vont je demeure
Passent les jours et passent les semaines
Ni le temps passé
Ni les amours reviennent
Sous le pont Mirabeau coule la Seine
Vienne la nuit sonne l'heure
Les jours s'en vont je demeure

- Guillaume Apollinaire -

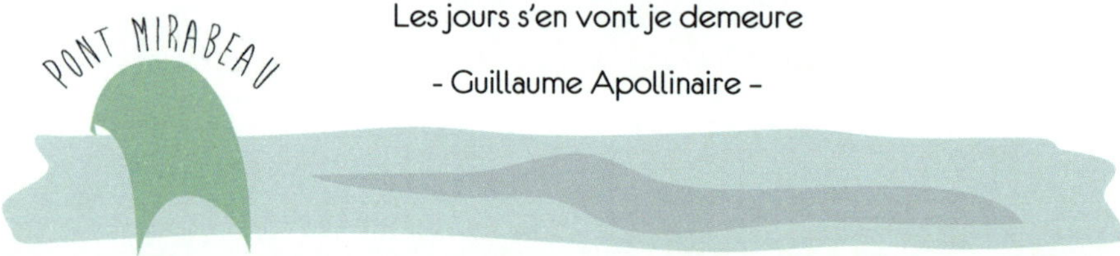

Il m'aime un peu, beaucoup, passionnément, à la folie...

Pas du tout...

Bête de jeu...

« L'amour n'est pas seulement un sentiment, il est un art aussi. »

- Honoré de Balzac -

JE SUIS MÂÂÂLHEUREUSE !

Il y a des jours où ce n'est pas la joie, une espèce de nuage gris nous suit tout le long de la journée et on boude… parfois même sans savoir pourquoi ! Mais des fois, être malheureuse apporte quelques avantages…

- Rester sous son plaid avec un verre de vin, un bon DVD et son chat !
- Double dose de chocolat !
- Organiser des soirées picole avec les copines.
- Se plaindre : « Je suis mââââlheureuse » (en insistant bien sur le « ââââ »).
- Écouter des chansons mielleuses (en boucle).

Mais le plus important, si vous tombez aujourd'hui, c'est de vous relever demain…

« Ne me jugez pas sur mes succès, jugez-moi sur le nombre de fois où je suis tombé et où je me suis relevé à nouveau. »

- Nelson Mandela -

Oh ! Je suis tellement heureuse avec mon homme !
Il est si merveilleux, si mignon, si gentil, si attentionné !
Et toi, comment ça va ?
Oh ! Moi ça va bof, ce n'est pas évident au boulot et...
Si beau si mimi si charmant !
Et je suis si contente que tout aille bien pour toi aussi !
Je t'ai dit à quel point il était mimi ??

« La vie est comme un arc-en-ciel :
il faut de la pluie et du soleil
pour en voir les couleurs. »

- A. Ramaiya -

GARE AUX RELOUS !

Le top des répliques de drague au cinéma !

Version masculine

- « T'as d'beaux yeux, tu sais ! », *Le Quai des brumes*
- « Ah mes félicitations, elles sont bien rondes vos miches ! », *Les Bronzés*
- « Moi j'ai eu une rupture ! J'ai vécu avec une femme, puis au bout de 48 heures elle a décidé qu'on se séparait d'un commun d'accord, alors j'ai pas bien supporté ! J'ai même essayé de me suicider ! », *Les Bronzés*
- « J'aime vos seins, enfin surtout le gauche. », *Un éléphant, ça trompe énormément*
- « Fais-moi l'amour ! - Non je ne crois pas non... - Pourquoi ? - Pas envie... », *OSS 117*
- « Je t'aime ! - Je sais. », *Star Wars*

Version féminine

- « J'aimerais bien vous embrasser, mais je viens de me laver les cheveux », *Ombre vers le Sud*
- « Je ne mords pas vous savez... Sauf si on me le demande », *Charade*
- « Vous n'êtes pas bien malin, hein ? J'aime ça chez un homme », *La Fièvre au corps*

Ça te dirait de sortir avec moi ?
Non !! Je t'ai déjà dit mille fois que non ! C'est incroyable comme tu ne retiens que ce que tu veux bien entendre !!
... Elle me trouve incroyable... !!

« On ne sait jamais, sur un malentendu, ça peut marcher. »

- Jean-Claude Dusse -

KAVINSKY *vs* KANDINSKY

KAVINSKY VS KANDINSKY

Où est Mademoiselle Smoothie ?

Composition VII, 1913 - Kandinsky

« Il faut commencer par éprouver ce que l'on veut exprimer. »

- Vincent Van Gogh -

UN LUNDI UNIQUE ET FABULEUX !

Pour éviter cette déprime qui nous atteint toutes au moins une fois par mois…

- Prendre congé le lundi.
  Rien de plus efficace, dans le fond, que de prolonger son week-end ! Et peu importe si vous allez vivre deux ans sans vacances.
- Ne pas lire ses mails professionnels le dimanche soir.
  Alors ça, WARNING : à ne jamais faire !!! Si vous souhaitez plomber votre dimanche, voire votre nuit, c'est le meilleur moyen. Laissez donc votre Smartphone de côté et profitez pleinement de vos derniers instants de liberté. Et peu importe le patron qui vous engueulera le lundi matin… et qui vous fera redouter tous les autres lundis !
- Prévoir une (autre) activité ou une sortie le lundi soir.
  Chose intrigante certes… mais le lundi, on sort rarement. Alors, bousculons nos habitudes et envisageons le lundi soir comme un « *Saturday night fever* » ! *Carpe diem* et fiesta en vue ! Et peu importent les cernes du lendemain… Le maquillage anticernes, ce n'est pas fait pour rien ! Sinon, la cagoule, c'est pas mal non plus.
- Commencer à organiser son week-end durant la journée du lundi.
  Cigale d'un jour, fourmi quatre jours, échappée belle le week-end : l'illusion d'être en vacances n'est pas loin !

Il y a un lundi qui sera toujours Unique et fabuleux...
Le LUNDI DE PÂQUES !

« La vie, ce n'est pas d'attendre que l'orage passe, c'est d'apprendre à danser sous la pluie. »

- Sénèque -

LA PREMIÈRE DES Uniques et Fabuleuses

Ce n'est pas si facile de devenir Unique et Fabuleuse, cela demande du temps, de l'expérience et de la pratique ! Et si j'y parviens aujourd'hui, c'est aussi grâce à ma mère. Depuis que je suis née, elle a tout fait pour que je grandisse entourée de livres, d'art, de bonheur, de curiosité, d'ouverture d'esprit, d'apprentissage, de culture et de voyages différents, d'amour, de confiance, de tendresse et d'humour.

Elle m'a toujours poussée à donner le meilleur de moi-même, à apprécier ce que je peux obtenir mais aussi à me surpasser, face à n'importe quelle situation. Elle m'a enseigné la vie des plus grands, à les suivre, à les prendre comme exemple.

Mais la seule personne à qui je veux ressembler depuis que je suis toute petite : c'est à elle, la première des Uniques et Fabuleuses !
Alors, pour toutes les mamans, ne soyez pas parfaites avec vos enfants, mais soyez tout simplement Uniques et Fabuleuses !

Ton week-end s'est bien passé ?
Oui... Un petit week-end en famille... J'ai d'abord conduit notre fille à la piscine et puis à la danse pendant que mon fils était au judo... Et moi, je faisais les courses pendant ce temps-là...
Et puis on a été à la mer... 5 heures d'embouteillages...
Et puis la visite des beaux-parents tout le dimanche et le soir, je me suis endormie devant la télé...
En fait, je suis contente de recommencer la semaine...

« Tu as ce quelque chose d'extra que les gens ordinaires n'ont pas. »

- Anonyme -

J'AI RENCONTRÉ LE GÉNIE !

Et vous ? Quel est votre souhait ?

« Tout le monde est un génie ; mais si vous jugez un poisson sur ses capacités à grimper à un arbre, il passera sa vie à croire qu'il est stupide. »

- Albert Einstein -

MARRY ME ! (OU PAS…)

Pour ou contre ?

Un jour, on m'a demandée en mariage. Pour me décider, j'ai écrit la fameuse liste des « plus » et des « moins » que je vous communique aujourd'hui au cas où un jour, vous seriez en panne d'inspiration !

Les Plus +++

- La grosse teuf de la soirée de mariage #alcool à profusion.
- Essayer des robes rigolotes avec les copines #meringue attitude.
- Le voyage de noces #sous les cocotiers.
- Vivre l'instant : « Et si quelqu'un s'oppose à cette union, qu'il parle maintenant ou se taise à jamais. » #on ne sait jamais, si Hugh Grant est dans la salle…
- Le lancer du bouquet de mariage #Fleur bleue.

Les Moins ---

- La belle-mère qui se mêle de tout #tension à 20 000.
- Les enfants qui courent partout #tension à 30 000.
- Le plan de table #prise de tête – engagement d'un architecte de table.
- La coiffure #5 heures de lissage, 569 bigoudis et 20 litres de laque.
- Hugh Grant qui n'est pas dans la salle pour intervenir #déception intense.

Make your choice !

Moi, je n'ai peur de RIEN !!!
Un vrai mec qui ne craint rien ni personne !
Je veux me **marier** !
AAAaaaahhhh !!!!

« Entre deux individus,
l'harmonie n'est jamais donnée,
elle doit indéfiniment se conquérir. »

- Simone de Beauvoir -

SI J'ÉTAIS UN HOMME...

Si j'étais un homme...

- Je pourrais montrer mes poils...
  Même ceux du dos !
- Je pourrais me curer le nez...
  Et jeter mes boulettes partout !
- Je pourrais ne pas changer de caleçon tous les jours...
  Et en mettre avec des motifs de « Spiderman » dessus.
- Je pourrais ne faire qu'une chose à la fois...
  Manger et puis boire ou inversement.
- J'aurais aussi droit à mon gros ventre...
  De bière !

Mais heureusement...
Je suis une fille
☺

Les avantages d'être un homme ?
Euh...
Faire pipi debout !!
C'est tout.

« Les femmes qui veulent être les égales des hommes manquent sérieusement d'ambition. »

- Jean-Marc Reiser -

JE FAIS DU SPORT... OU PRESQUE !

Les cours collectifs en sport...

Dans les cours collectifs, il y a toujours une fille qui, même si elle s'y croit à mort et fait les mouvements à fond, est TOUJOURS complètement hors tempo, hors rythme, tourne à gauche quand c'est à droite, lève le bras quand c'est la jambe et bouge vraiment curieusement ! Et forcément, c'est TOUJOURS la fille juste à côté de toi.

Résultat : tu passes l'heure de cours à éviter ses coups ou à te la prendre dans la tronche, à douter de ce que toi tu fais puisque ça ne correspond pas à ce qu'elle fait... Tu as l'impression qu'il n'y a que toi qui remarque cet ovni, et tu pestes pendant une heure et ressors du cours... plus stressée et énervée que jamais !

Conclusion : les cours collectifs, ce n'est vraiment pas pour moi. Je préfère donc rester seule chez moi, avec un bon verre de vin et un DVD pour me détendre de ma journée !

Pourquoi je ne fais pas de sport ?
C'est simple...
Je transpire, Je pue, Je souffre...
J'ai toujours une tenue ridicule..
Je ne vois vraiment pas l'intérêt !

Un journaliste :

« Quel est le secret de votre bonne santé ? »

Churchill :

« C'est le sport... Je n'en fais jamais ! »

COMMENT RESTER Unique et Fabuleuse EN HIVER ?

Ça y est, il fait froid ! L'hiver se rapproche dangereusement et il est grand temps de s'y préparer pour rester Unique et Fabuleuse ! Voici quelques conseils et astuces pour être prête à conquérir le grand Nord !

- Boire des cocktails au lieu du vin chaud !
  Et peu importe si vous êtes la seule sur le marché de Noël à siroter votre Cosmopolitan... Cela réchauffe tout autant !
- Continuer à porter son top d'été en dessous de son gros pull d'hiver, et c'est valable aussi pour les sous-vêtements : mettez votre bikini !
- Faire un palmier de Noël au lieu du sapin de Noël !
- Se mettre du vernis d'une couleur différente sur chaque doigt de pied !
- Continuer à mettre sa crème solaire (parfum « fleur des îles ») comme crème de jour.
- Mettre ses tongs à la place de ses grosses chaussures sous son bureau.

Et peu importe si l'on vous prend pour une dingue ou une « originale »,
une chose est sûre : ils ne possèdent pas ce côté...

Unique et Fabuleux !

Rêve d'hiver...

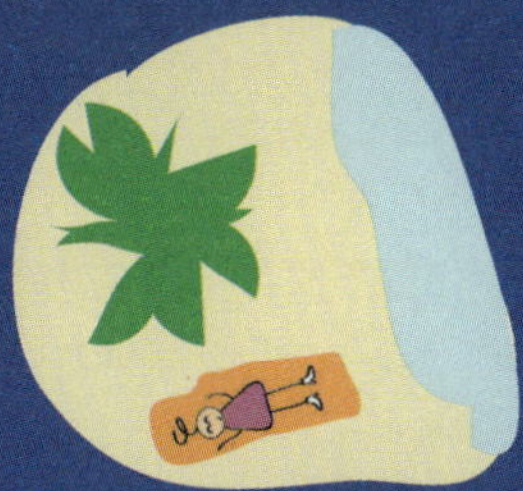

« La gaieté, la santé changent l'hiver en été. »

- Antoine Désaugiers -

CETTE ANNÉE, LA DINDE DE NOËL NE SERA PAS MOI !

Le réveillon de Noël en famille… cinq conseils pour y survivre !

- Ne pas organiser le repas de famille chez soi !

  Ainsi, vous pourrez déguerpir à tout moment ! #sauvequipeut !

- Tant qu'il y a de la poire, y'a de l'espoir !

  Très important, toujours avoir son verre plein… d'alcool. Cela vous aidera à passer sereinement et même gaiement les étapes de la soirée !

- L'instant cadeau

  Voilà une très bonne raison de fêter Noël ! En espérant que tante Josette ne vous confectionne pas le pull tricot avec une énorme tête d'élan comme motif… Quoique, c'est à la mode… ! #fashionvictim

- Les règlements de comptes

  Un bon conseil, évitez de prendre parti lors des règlements de comptes familiaux annuels, contentez-vous de boire votre verre de vin rouge bien tranquillement !

- Le gui

  Le point le plus important de la soirée ! Toujours se promener avec une brindille de gui dans la poche ! On ne sait jamais : si vous rencontriez l'homme idéal… Un bisou, un bisou, un bisou !

C'est ça, la magie de Noël !

Joyeuses fêtes
Uniques et Fabuleuses !

On va être en retard !
J'arriiiiive !
Oh mon Dieu !!!
Quoi ?
On avait dit léger le déguisement....
Tadaaam !!

CINQUANTE NUANCES DE GRAS

Le gras, c'est la vie !

Vous faites quoi pour les fêtes ? De mon côté, c'est loin d'être diététique.

Bilan de la soirée de Noël, par exemple ? Un génocide de dindes, des dizaines de tonneaux de vin, des bulles à gogo, une valse de gâteaux à la crème, des amuse-bouches tous plus gargantuesques les uns que les autres… Le tout visant à faire exploser mon foie.

Vous connaissez *Cinquante Nuances de Grey*, le livre sexy et un peu SM qui a remporté un succès mondial ? Ici, on parlera plutôt de « cinquante nuances de gras » ! Et le pire dans tout ça, c'est que le lendemain, on mange les restes… Et que dans moins d'une semaine on recommence avec le jour de l'An.

Sur ce, joyeux Noël !

Tu fais quoi pour Noël ?
Je prends deux kilos...

24 décembre
25 décembre
26 décembre
Burp...

MON RÉVEILLON UNIQUE ET FABULEUX

Soirée paillettes

Soirée jeux de société

Soirée Mexico

Soirée guindée

Soirée cinéma

Quels sont tes plans pour cette nouvelle année ?
Te marier, avoir des enfants, une maison, un nouveau boulot... ?
MON plan... Être **Unique et Fabuleuse** !
Ooooh ! Moi aussi, moi aussi !

« Ce n'est pas du futur dont vous avez peur... C'est de répéter le passé... »

- Anonyme -

ET UN JOUR...

J'ai décidé de devenir Unique et Fabuleuse !

- Si je n'avais pas pleuré comme une madeleine le 9 octobre 2010...
- Si Maggy ne m'avait pas dit à quel point nous sommes Uniques et Fabuleuses...
- Si Vanou ne m'avait pas appris à manier une palette graphique.
- Si la Poule Team n'avait pas joué les pom-pom girls...
- Si mes parents ne m'avaient pas encouragée à toujours me dépasser...
- Si mon roudoudou ne m'avait pas supportée tout au long de l'écriture de ce livre...
- Si je n'avais pas eu autant d'Uniques et Fabuleux qui me soutiennent au quotidien sur les réseaux sociaux et dans la vie...

Je n'aurais jamais rencontré Isabelle et Audrey de la Fabrique à Bonheurs...

Je n'aurais jamais rencontré Gwénaëlle et Sandrine de la maison d'édition Eyrolles...

Et ce livre n'aurait jamais existé.

« Rêve ta vie en couleurs, c'est le secret du bonheur. »

- Peter Pan -

Merci à toutes celles et ceux qui ont rendu mon imaginaire possible.

Mademoiselle Smoothie

Si tu m'embrasses....
Je me transformerai en
prince charmant !
Mmmh... Non !
Je préfère garder une
grenouille qui parle !
Craoooow...

« Et un jour... »

- Mademoiselle Smoothie -